C000061381

Das Komplette Holzpellet- Räucher-Und Grill- Kochbuch

Ein Kompletter Leitfaden Mit Den Besten Rezepten, Tipps Und Tricks, Die Das Grillen Und Räuchern Von Lebensmitteln Wunderbar Machen

Nathan King - Stefan Berger

© Copyright 2021 – Nathan King - Alle Rechte vorbehalten.

Die in diesem Buch enthaltenen Inhalte dürfen ohne direkte schriftliche Genehmigung des Autors oder des Herausgebers nicht vervielfältigt, vervielfältigt oder übertragen werden. Unter keinen Umständen wird dem Herausgeber oder Autor eine Schuld oder rechtliche Verantwortung für Schäden, Wiedergutmachung oder Geldverluste aufgrund der in diesem Buch enthaltenen Informationen obliegen. Entweder direkt oder indirekt.

Rechtlicher Hinweis:

Dieses Buch ist urheberrechtlich geschützt. Dieses Buch ist nur für den persönlichen Gebrauch. Sie können Teile oder den Inhalt dieses Buches ohne Zustimmung des Autors oder Herausgebers nicht ändern, verteilen, verkaufen, verwenden, zitieren oder umschreiben.

Hinweis auf den Haftungsausschluss:

Bitte beachten Sie, dass die in diesem Dokument enthaltenen Informationen nur zu Bildungs- und Unterhaltungszwecken dienen. Alle Anstrengungen wurden unternommen, um genaue, aktuelle und zuverlässige und vollständige Informationen zu präsentieren. Es werden keine Garantien jeglicher Art erklärt oder impliziert. Die Leser erkennen an, dass der Autor sich nicht an der rechtlichen, finanziellen, medizinischen oder professionellen Beratung beteiligt. Der Inhalt dieses Buches wurde aus verschiedenen Quellen abgeleitet. Bitte wenden Sie sich an einen lizenzierten Fachmann, bevor Sie die in diesem Buch beschriebenen Techniken ausprobieren.

Mit der Lektüre dieses Dokuments erklärt sich der Leser damit einverstanden, dass der Autor unter keinen Umständen für direkte oder indirekte Verluste verantwortlich ist, die durch die Verwendung der in diesem Dokument enthaltenen

Informationen entstehen, einschließlich, aber nicht beschränkt auf Fehler, Auslassungen oder Ungenauigkeiten.

Inhaltsverzeichnis

EINLEITUNG 9

CHICKEN & BEEF REZEPTE 10

SMOKE ROASTED CHICKEN 11
GEGRILLTE ASIATISCHE HÜHNERBURGER 14
SÜßE SRIRACHA BARBECUE HUHN 18
TRAEGER GEGRILLTES HUHN 20
TRAEGER HÜHNERBRUST 22
GERÄUCHERTES HÜHNERBEINVIERTEL IN EINEM TRAEGER GRILL 24
GEGRILLTE CHICKEN KEBABS 26
RUB-INJECTED SCHWEINESCHULTER..28
GERÄUCHERTE SPARE RIBS..31
LANGSAM GERÄUCHERTE SCHWEINEBAUCH SLIDER 33
CHINESISCHE BBQ SCHWEINEFLEISCH 37
TRAEGER GERÄUCHERTES RINDFLEISCH JERKY 43
REVERSE SEARED FLANK STEAK 46
SPECK-WRAPPED PORK TENDERLOIN..48
TYPISCHE NACHOS..51
CAROLINA PORK RIBS...54
SCHWEINEHALSBAND MIT ROSMARIN MARINADE 56
EINFACHES SCHWEINEFILET 58
TÜRKEI MIT APRIKOSEN-GRILLGLASUR...60
HAUSGEMACHTE TÜRKEI GRAVY 62
TRAEGER ELK JERKY 65
GROUND TURKEY BURGERS..68
KÖSTLICHES BLT SANDWICH 71

GEMÜSE UND VEGETARISCHE REZEPTE 73

GEBACKENE ERBSTÜCK TOMATEN TARTE 74
GERÄUCHERTE EINGELEGTE GRÜNE BOHNEN 77
GEBACKENER SPARGEL PANCETTA KÄSE TART..79
SPAGHETTI SQUASH MIT BRAUNER BUTTER UND PARMESAN........................82
GERÄUCHERTE JALAPENO POPPERS..85

FISCH & MEERESFRÜCHTE REZEPTE 87

BUTTERED CLAMS 88
ZITRONE HUMMER SCHWÄNZE 90
GEWÜRZTER LACHS KEBABS 92

—

6

GEGRILLTE ZWIEBELBUTTER KABELJAU 94
GEFÜLLTE TINTENFISCHE AUF TRAEGER GRILL 97
FISCHEINTOPF 100

RUB UND SAUCEN REZEPTE **103**

GERÄUCHERTE KIRSCH-GRILLSAUCE 104

KÄSE UND BROT **108**

GEGRILLTE HAUSGEMACHTE CROUTONS 108

NUSS, OBST UND DESSERT **110**

SCHOKOLADE CHIP COOKIES 111
APPLE COBBLER 114

LAMM REZEPTE **117**

ROSMARIN-GERÄUCHERTE LAMMKOTELETTS 118
GRIECHISCH-STIL GEBRATENES LAMMBEIN 120
LAMMKOTELETTS 123

VORSPEISEN UND SEITEN **126**

WASSERMELONE-GURKENSALAT 127
FRISCH ERRAHMTER MAIS 129
SPINATSALAT MIT AVOCADO UND ORANGE 131

TRADITIONELLE REZEPTE **133**

GLASIERTE HÜHNERFLÜGEL 133
CHICKEN CASSEROLE 136

Einleitung

Vielen Dank für den Kauf *Das Komplette Holzpellet-Räucher-Und Grill-Kochbuch: Ein Kompletter Leitfaden Mit Den Besten Rezepten, Tipps Und Tricks, Die Das Grillen Und Räuchern Von Lebensmitteln Wunderbar Machen.*

Eine alte Methode des Kochens, die von einer unvermeidlichen Notwendigkeit in eine angenehme Gelegenheit für Mittag- oder Abendessen mit Freunden unter freiem Himmel verwandelt wurde. Der Grill ist die beste Kochmethode, um den authentischen Geschmack von Fleisch zu schätzen und heute werden wir zusammen die Kochtechniken sehen, welche Grill zu verwenden, die idealen Arten von Fleisch zuzubereiten und sogar, wie man Pizza auf diesem Herd zu kochen. Es gibt viele Grillrezepte, die wir vorschlagen können, für einzigartige Gerichte und majestätische Hauptgerichte, bis zu einem ungewöhnlichen Dessert.

Chicken & Beef Rezepte

Smoke Roasted Chicken

Zubereitungszeit: 20 Minuten

Kochzeit: 1 Stunde 20 Minuten

Portionen: 4-6

Zutaten:

• 8 EL Butter, Raumtemperatur

• 1 Knoblauchzehe, gehackt

• 1 Jakobsmuschel, gehackt

• 2 EL frische Kräuter wie Thymian, Rosmarin, Salbei oder

Petersilie

• Huhn reiben, nach Bedarf

• Zitronensaft

• Nach Bedarf Pflanzenöl

Wegbeschreibungen:

1.In eine kleine Kochschüssel, mischen Sie die

Jakobsmuscheln, Knoblauch, Butter, gehackte frische Kräuter,

1-1/2 TL des Reibens und Zitronensaft. Mit einem Löffel

vermischen.

2.Entfernen Sie alle Giebel aus dem Hohlraum des Huhns.

Waschen Sie das Huhn innen und außen mit kaltem

fließendem Wasser. Gründlich mit Papiertüchern trocknen.

3.Sprinkle eine großzügige Menge an Chicken Rub in den

Hohlraum des Huhns.

4.Sanft die Haut um die Hühnerbrust lockern und ein paar EL

der Kräuterbutter unter die Haut schieben und bedecken.

5.Bedecken Sie die Außenseite mit der restlichen

Kräuterbutter.

6.Setzen Sie die Hühnerflügel hinter dem Rücken ein. Binden

Sie beide Beine mit einer Metzgerschnur zusammen.

7.Pulver die Außenseite des Huhns mit mehr Chicken Rub

dann einfügen Zweige von frischen Kräutern in den

Hohlraum des Huhns.

8.Set Temperatur auf Hoch und vorheizen, Deckel für 15

Minuten geschlossen.

9.Öl den Grill mit Pflanzenöl. Bewegen Sie das Huhn auf dem

Grillrost, Brustseite nach oben dann den Deckel schließen.

10.Nachdem das Huhn 1 Stunde gekocht hat, heben Sie den

Deckel. Wenn Huhn zu schnell bräunen, bedecken Sie die

Brust und beine mit Aluminiumfolie.

11.Schließen Sie den Deckel und rösten Sie das Huhn weiter,

bis ein sofort lesbares Fleischthermometer, das in den dicksten

Teil eingeführt wird, eine Temperatur von 165 °F registriert.

12.Nehmen Sie das Huhn vom Grill und lassen Sie für 5

Minuten ruhen. Servieren, Genießen!

Ernährung:

• Kalorien: 222 Kohlenhydrate: 11g

• Protein: 29g

• Fett: 4g

• Cholesterin: 62mg

• Natrium: 616mg

• Kalium 620mg

Gegrillte asiatische Hühnerburger

Zubereitungszeit: 5 Minuten

Kochzeit: 50 Minuten

Portionen: 4-6

Zutaten:

- Pfund Huhn, gemahlen

- 1 Tasse Panko Brotkrumen

- 1 Tasse Parmesankäse

- 1 kleiner Jalapeno, gewürfelt

- 2 ganze Jakobsmuscheln, gehackt

- 2 Knoblauchzehe

- 1/4 Tasse gehackte Korianderblätter

- 2 EL Mayonnaise

- 2 EL Chilisauce

- 1 EL Sojasauce

- 1 EL Ingwer, gehackt

- 2 TL Zitronensaft

- 2 TL Zitronenschale

- 1 TL Salz

- 1 TL gemahlener schwarzer Pfeffer

- 8 Hamburger Brötchen

- 1 Tomate, in Scheiben geschnitten

- Arugula, frisch

- 1 rote Zwiebel in Scheiben geschnitten

Wegbeschreibungen:

1. Align ein gerandetes Backblech mit Aluminiumfolie dann

sprühen mit Antihaft-Kochspray.

2. In eine große Schüssel, kombinieren Sie das Huhn, Jalapeno,

Jakobsmuschel, Knoblauch, Koriander, Panko, Parmesan,

Chilisauce, Sojasauce Ingwer, Mayonnaise, Zitronensaft und

Schale, und Salz und Pfeffer.

3. Work die Mischung mit den Fingern, bis die Zutaten gut

kombiniert sind. Wenn die Mischung zu nass aussieht, um

Patties zu bilden und zusätzliche panko hinzufügen.

4.Waschen Sie Ihre Hände unter kaltem fließendem Wasser, formen Sie das Fleisch in 8 Patties, jede etwa einen Zoll größer als die Brötchen und etwa 3/4" dick. Verwenden Sie Ihre Daumen oder ein EL, machen Sie eine breite, flache Depression in der Oberseite jedes

5.Legen Sie sie auf das vorbereitete Backblech. Sprühen Sie die Oberteile mit Antihaft-Kochspray. Wenn nicht sofort kochen, mit Plastikfolie abdecken und kühlen.

6.Stellen Sie den Traeger-Grill auf 350°F dann vorheizen für 15 Minuten, Deckel geschlossen.

7.Bestellen Sie die Burger, Depression-Seite nach unten, auf dem Grill rostig. Entfernen und entsorgen Sie die Folie auf dem Backblech, so dass Sie eine unbelastete Oberfläche haben, um den Schieberegler zu übertragen, wenn Sie gekocht werden.

8.Grill die Burger für etwa 25 bis 30 Minuten, drehen einmal, oder bis sie leicht aus dem Grill Rost loslassen, wenn ein sauberer Metallspachtel unter sie gerutscht ist. Die

Innentemperatur, wenn sie auf einem sofort ablesenden

Fleischthermometer abgelesen wird, sollte 160°F betragen.

9.Spread Mayonnaise und arrangieren eine Tomatenscheibe,

wenn gewünscht, und ein paar Rucola Blätter auf die Hälfte

jedes Brötchens. Top mit einem gegrillten Burger und roten

Zwiebeln, wenn mit, dann ersetzen Sie die obere Hälfte des

Brötchens. Sofort servieren. Genießen

Ernährung:

•Kalorien: 329

•Kohlenhydrate: 10g

•Protein: 21g

•Fett: 23g

Süße Sriracha Barbecue Huhn

Zubereitungszeit: 30 Minuten

Kochzeit: 1 und 1/2–2 Stunden

Portionen: 5

Zutaten:

•1cup sriracha

•1/2 Tasse Butter

•1/2 Tasse Melasse

•1/2 Tasse Ketchup

•1/4 Tasse fest verpackter brauner Zucker:

•1 TL Salz

•1 TL frisch gemahlener schwarzer Pfeffer

•1 ganzes Huhn, in Stücke geschnitten

•1/2 TL frische Petersilienblätter, gehackt

Wegbeschreibungen:

1.Vorheizen Sie Ihren Raucher mit Kirschholz auf 250°F

2.Nehmen Sie einen mittleren Topf und legen Sie es bei

niedriger Hitze, rühren Sie Butter, Sriracha, Ketchup, Melasse, braunen Zucker, Senf, Pfeffer und Salz und weiter rühren, bis

der Zucker: und Salz löst sich auf

3.Teilen Sie die Sauce in zwei Portionen

4.Bürsten Sie die Hühnerhälfte mit der Sauce und reservieren

Sie den Rest für den Servieren

5.Stellen Sie sicher, dass die Sauce für den Servieren auf der

Seite zu halten, und halten Sie die andere Portion für Basting

6.Transfer Huhn zu Ihrem Raucher Rack und Rauch für etwa

1 und eine hälfte bis 2 Stunden, bis die Innentemperatur

erreicht 165°Fahrenheit

7.Sprinkle Huhn mit Petersilie und servieren mit reservierten

Barbecue-Sauce

Ernährung:

•Kalorien: 148

•Fette: 0.6g

•Kohlenhydrate: 10g

•Faser: 1g

Traeger Gegrilltes Huhn

Zubereitungszeit: 10 Minuten

Kochzeit: 1 Stunde 30 Minuten

Portionen: 6

Zutaten:

- 5 lb. ganzes Huhn

- 1/2 Tasse Öl

- Traeger Huhn reiben

Wegbeschreibungen:

1. Den Traeger auf der Raucheinstellung mit geöffnetem Deckel 5 Minuten vorheizen. Schließen Sie den Deckel und lassen Sie ihn 15 Minuten lang erhitzen oder bis er 450°F erreicht.

2. Verwenden Sie Bäcker Bindfäden, um die Hühnerbeine zusammen zu binden, dann reiben Sie es mit Öl. Das Huhn mit dem Reiben beschichten und auf den Grill legen.

3. Grill für 70 Minuten mit dem Deckel geschlossen oder bis es eine Innentemperatur von 165°F erreicht.

4.Entfernen Sie das Huhn aus dem Traeger und lassen Sie für

15 Minuten ruhen. Schneiden und servieren.

Ernährung:

• Kalorien: 935

• Fett: 53g

• Protein: 107g

• Faser: 0g

• Natrium: 320mg

Traeger Hühnerbrust

Zubereitungszeit: 10 Minuten

Kochzeit: 15 Minuten

Portionen: 6

Zutaten:

• 3 Hähnchenbrust

• 1 EL Avocadoöl

• 1/4 EL Knoblauchpulver

• 1/4 EL Zwiebelpulver

• 3/4 EL Salz

• 1/4 EL Pfeffer

Wegbeschreibungen:

1.Vorheizen Sie Ihren Traeger auf 375°F

2.Schneiden Sie die Hühnerbrust in die Hälften längs dann mit Avocadoöl überziehen.

3.Saison mit Knoblauchpulver, Zwiebelpulver, Salz und Pfeffer.

4.Stellen Sie das Huhn auf den Grill und kochen Für 7

Minuten auf jeder Seite oder bis die Innentemperatur erreicht

165°F

Ernährung:

•Kalorien: 120

•Fett: 4g

•Protein: 19g

•Faser: 0g

•Natrium: 309mg

Geräuchertes Hühnerbeinviertel in einem Traeger Grill

Zubereitungszeit: 10 Minuten

Kochzeit: 30 Minuten

Portionen: 8

Zutaten:

•4 Hühnerbeinquartiere

•3 EL trockene Reibe-Gewürzmischung für Huhn

•1 EL Olivenöl

•Salz

Wegbeschreibungen:

1.Waschen und trocknen Sie die Hähnchenbeine.

2.Fügen Sie etwas Olivenöl hinzu. Die trockene Reiben

Gewürzmischung über das ganze Huhn streuen.

3.Stellen Sie für 20 Minuten beiseite.

4.Den Grill auf "Rauch" für 10-15 Minuten vorheizen.

5.Stellen Sie das Huhn auf den Grill mit Hautseite bis zu

rauchen für 1 Stunde.

6.Erhöhen Sie die Hitze auf 350°F und kochen Sie für weitere 30 bis 60 Minuten, abhängig von der Größe der Stücke und der Anzahl der Hühnerbeine.

7.Poke in den dicksten Teil der Oberschenkel.

8.Wenn fertig, servieren Sie ein Bein Viertel mit einer Seitensauce Ihrer Wahl.

Ernährung: Kohlenhydrate: 1,5 g Protein: 16 g Fett: 21 g

Gegrillte Chicken Kebabs

Zubereitungszeit: 10 Minuten

Kochzeit: 40 Minuten

Portionen: 8

Zutaten:

Für Marinade

- 1/2 Tasse Olivenöl

- 1 EL Zitrone, entsaftet

- 2 EL. Weißer Essig

- 1 1/2 EL. Salz

- 1 EL Gehackter Knoblauch

- 1 1/2 EL. Frischer Thymian

- 2 EL frische italienische Petersilie

- 2 EL. Frischer Schnittlauch

- 1/2 EL. Gemahlener Pfeffer

Für Kebabs

- Orange, gelbe und rote Paprika

- 1 1/2 Hühnerbrüste, knochen- und hautlos

- 10–12 mittelgroße Pilze Ihrer Wahl

Wegbeschreibungen:

1. Mix alle Zutaten für die Marinade.

2. Fügen Sie das Huhn und Pilze in die Marinade und legen Sie

sie in den Kühlschrank.

3. Vorheizen Sie Ihren Traeger-Grill auf 450°F.

4. Entfernen Sie das marinierte Huhn aus dem Kühlschrank

und legen Sie es auf den Grill.

5. Grill die Kebabs auf einer Seite für 6 Minuten. Flip zum

Grillen auf der anderen Seite.

6. Servieren Sie mit einer Beilage Ihrer Wahl.

Ernährung:

- Kohlenhydrate: 1 g

- Fett: 2 g

- Natrium: 582 mg

Rub-Injected Schweineschulter

Zubereitungszeit: 15 Minuten

Kochzeit: 16 bis 20 Stunden

Portionen: 8 bis 12

Zutaten:

• 1 (6 bis 8-Pfund) Knochen-in-Schweineschulter

• 2 Tassen Tee injizierbar aus Not-Just-for-Pork Rub

• 2 EL gelber Senf

• 1 Charge Not-Just-for-Pork Rub

Wegbeschreibungen:

1. Beliefern Sie Ihren Raucher mit einem Traeger und folgen Sie dem spezifischen Anlaufverfahren des Herstellers. Den Grill mit geschlossenem Deckel auf 225°F vorheizen.

2. Injizieren Sie die Schweineschulter durchweg mit dem Tee injizierbar.

3. Coat das Schweinefleisch Schulter über mit Senf und würzen Sie es mit dem Reiben. Mit den Händen, arbeiten Sie die Reiben in das Fleisch.

4.Stellen Sie die Schulter direkt auf den Grillrost und rauchen, bis seine Innentemperatur erreicht 160°F und eine dunkle Rinde hat sich auf der Außenseite gebildet.

5.Ziehen Sie die Schulter vom Grill und wickeln Sie sie vollständig in Aluminiumfolie oder Metzgerpapier.

6.Erhöhen Sie die Temperatur des Grills auf 350°F.

7.Geben Sie die Schweineschulter zum Grill und kochen, bis seine Innentemperatur 195°F erreicht.

8.Ziehen Sie die Schulter vom Grill und legen Sie sie in einen Kühler. Den Kühler abdecken und das Schweinefleisch 1 oder 2 Stunden ruhen lassen.

9.Entfernen Sie die Schweineschulter aus dem Kühler und packen Sie sie aus. Entfernen Sie den Schulterknochen und ziehen Sie das Schweinefleisch auseinander mit nur Ihren Fingern. Sofort servieren.

Ernährung:

- Kalorien: 688

- Protein: 58,9 g

- Kohlenhydrate: 2.7g

- Fett: 47.3g

Geräucherte Spare Ribs

Zubereitungszeit: 25 Minuten

Kochzeit: 4 bis 6 Stunden Portionen: 4 bis 8

Zutaten:

• 2 (2 oder 3-Pfund) Racks Ersatzrippen

• 2 EL gelber Senf

• 1 Charge Sweet Brown Sugar Rub

• 1/4 Tasse Bill es Beste BBQ Sauce

Wegbeschreibungen:

1.Beliefern Sie Ihren Raucher mit Traeger und folgen Sie dem spezifischen Anlaufverfahren des Herstellers. Den Grill mit geschlossenem Deckel auf 225°F vorheizen.

2.Entfernen Sie die Membran von der Rückseite der Rippen. Dies kann durch schneiden nur durch die Membran in einem X-Muster und arbeiten ein Papiertuch zwischen der Membran und den Rippen, um es abzuziehen. Die Rippen auf beiden Seiten mit Senf beschichten und mit dem Reiben abschmecken. Mit den Händen, arbeiten Sie die Reiben in das

Fleisch. Legen Sie die Rippen direkt auf den Grillrost und rauchen, bis ihre Innentemperatur zwischen 190°F und 200°F erreicht.Baste beide Seiten der Rippen mit Barbecue-Sauce. Erhöhen Sie die Temperatur des Grills auf 300°F und kochen Sie die Rippen für 15 Minuten mehr.

3.Entfernen Sie die Racks vom Grill, schneiden Sie sie in einzelne Rippen, und servieren Sie sofort.

Ernährung: Kalorien: 277 Fett: 23g Protein: 16g

Langsam geräucherte Schweinebauch Slider

Zubereitungszeit: 20 Minuten

Kochzeit: 4 Stunden

Portionen: 8 bis 10

Zutaten:

• 4–5 lbs. Schweinebauch, in 1-Zoll-Stücke geschnitten

• 1–2 Tassen Kohlslaw

• 12 Brioche Schieber

• 2 Tassen Kirsch-Cola

• 1 TL Koriander

• 1/2 Tasse dunkelbraunzuckerisch:

• 1 TL Zwiebelpulver

• 1 Tasse Ketchup

• 1 TL flüssiger Rauch

• 1 TL Knoblauchpulver

• 1/2 Tasse Melasse

• 1 EL Worcestershire Sauce

- 1 TL gemahlener Ingwer

- Süße Hitze reiben & Grill

- Salz und Pfeffer

- 1 TL geräucherter Paprika

Wegbeschreibungen:

Für die BBQ-Sauce

1.Nehmen Sie einen Topf und fügen Sie Ketchup zusammen mit Melasse, flüssigem Rauch, dunkelbraunem Zucker, Zwiebelpulver, Koriander, gemahlenem Ingwer, Kirschcola, Knoblauchpulver, Worcestershire-Sauce, geräuchertem Paprika und Salzpfeffer hinzu.

2.Cook es auf mittlerer Hitze, bis alles scheint gut kombiniert haben und beginnt zu sprudeln

3.Reduzieren Sie die Hitze zu verlangsamen und lassen Sie die Sauce verdicken, bis es richtig köchelt und beiseite halten.

Für den Hauptgang

1.Den Grill auf 225°F vorheizen

2.Jetzt schneiden Sie die Oberfläche des Schweinebauchs mit einem scharfen Messer und machen 1/4 Zoll tiefe Markierungen

3.Apply süße Hitze reiben großzügig auf alle Teile des Schweinebauchs, und dann lassen Sie es bei Raumtemperatur für 20 Minuten sitzen

4.Stellen Sie es auf den Grill und rauchen Sie es für fast 4 Stunden

5.In dazwischen, bürsten Sie es mit BBQ-Sauce alle 30 Minuten

6.Entfernen Sie es aus dem Raucher und schneiden Sie in kleine mundgerechte Portionen

7.Place es auf die Brioche Brötchen und top es mit BBQ-Sauce und Coleslaw

8.Dienen

Ernährung:

- Kalorien: 310

- Fette: 26g

- Protein: 17g

Chinesische BBQ Schweinefleisch

Zubereitungszeit: 10 Minuten

Kochzeit: 20 Minuten

Portionen: 6

Zutaten:

Schweinefleisch & Marinade

• 2 Schweinefilet, Silberhaut entfernt

• 1/4 Tasse Hoisin Sauce

• 1/4 Tasse Honig

• 1 1/2 EL. Brauner Zucker

• 3 EL Sojasauce

• 1 EL asiatisches Sesamöl

• 1 EL Oyster Sauce, Optional

• 1 TL chinesisches Fünf-Gewürz

• 1 Knoblauchzehe, Gehackt

• 2 TL rote Lebensmittelfärbung, Optional

Fünf Gewürz-Dipping-Sauce

• 1/4 Tasse Ketchup

- 3 EL. Brauner Zucker

- 1 TL Gelber Senf

- 1/4 TL chinesisches Fünf-Gewürz

Wegbeschreibungen:

1.In einer mittleren Schüssel, marinieren Sie gründlich

marinieren, so dass brauner Zucker: gelöst wird. Fügen Sie

Schweinefleisch und Marinade in eine Glaspfanne oder

wiederverschließbare Plastiktüte und marinieren Sie für

mindestens 8 Stunden oder über Nacht, gelegentlich drehen,

um sicherzustellen, dass alle Schweineseiten gut beschichtet

sind.

2.Wenn bereit zu kochen, stellen Sie die Temperatur auf 225 °F

und vorheizen, Deckel für 15 Minuten geschlossen.

3.Entfernen Sie Schweinefleisch aus marinade und kochen

Marinade in einem Topf bei mittlerer Hitze auf dem Herd für

3 Minuten zum Basteln Schweinefleisch zu verwenden. Etwas

abkühlen, dann in 2 zusätzliche EL Honig einrühren.

4.Ordnen Sie die Tenderloine auf dem Grillrost an und rauchen Sie Schweinefleisch, bis die Innentemperatur 145°F erreicht.

5.Baste Schweinefleisch mit reservierten Marinade auf halbem Weg zum Kochen. Entfernen Sie Schweinefleisch vom Grill und, wenn gewünscht, erhöhen Sie die Temperatur auf Hoch und geben Sie Schweinefleisch zum Grill für ein paar Minuten pro Seite zu leichten Saibling und setzen Sie die Sauce. Alternativ können Sie im Ofen brüten, nur ein paar Minuten pro Seite.

6.Für die 5 Gewürzsauce: In einem kleinen Topf bei niedriger Hitze Ketchup, braunen Zucker, Senf und Fünf-Gewürz mischen, bis Zucker: gelöst wird und Sauce glatt ist. Abkühlen lassen und gekühlt oder bei Raumtemperatur servieren.

7.Servieren Sie Schweinefleisch sofort mit Jasminreis, oder kühl und kühl für die zukünftige Verwendung als Vorspeise, serviert mit Five Spice Tauchsauce und gerösteten Sesamsamen. Genießen!

8.In einer mittleren Schüssel, marinieren Sie gründlich marinieren, so dass brauner Zucker: gelöst wird. Fügen Sie Schweinefleisch und Marinade in eine Glaspfanne oder wiederverschließbare Plastiktüte und marinieren Sie für mindestens 8 Stunden oder über Nacht, gelegentlich drehen, um sicherzustellen, dass alle Seiten des Schweinefleisches gut beschichtet sind.

9.Wenn bereit zu kochen, stellen Sie die Temperatur auf 225 °F und vorheizen, Deckel für 15 Minuten geschlossen.

10.Entfernen Sie Schweinefleisch aus der Marinade und kochen Marinade in einem Topf bei mittlerer Hitze auf dem Herd für 3 Minuten zum Basteln Schweinefleisch zu verwenden. Etwas abkühlen, dann in 2 zusätzliche EL Honig einrühren.

11.Ordnen Sie die Tenderloine auf dem Grillrost an und rauchen Sie Schweinefleisch, bis die Innentemperatur 145°F erreicht.

12.Baste Schweinefleisch mit reservierten Marinade auf halbem Weg durch die Küche. Entfernen Sie Schweinefleisch vom Grill und, wenn gewünscht, erhöhen Sie die Temperatur auf Hoch und geben Sie Schweinefleisch zum Grill für ein paar Minuten pro Seite zu leichten Saibling und setzen Sie die Sauce. Alternativ können Sie im Ofen brüten, nur ein paar Minuten pro Seite.

13.Für die 5 Gewürzsauce: In einem kleinen Topf bei niedriger Hitze Ketchup, braunen Zucker, Senf und Fünf-Gewürz mischen, bis Zucker: gelöst wird und Sauce glatt ist. Abkühlen lassen und gekühlt oder bei Raumtemperatur servieren.

14.Servieren Sie Schweinefleisch sofort mit Jasminreis, oder kühl und kühl für die zukünftige Verwendung als Vorspeise, serviert mit Five Spice Tauchsauce und gerösteten Sesamsamen. Genießen!

Ernährung:

• Kalorien: 324

• Fett: 11.6g

- Cholesterin: 6mg

- Natrium: 1029mg

Traeger Geräuchertes Rindfleisch Jerky

Zubereitungszeit: 15 Minuten

Kochzeit: 5 Stunden

Portionen: 10

Zutaten:

•3 Pfund Sirloin-Steaks, in 1/4 Zoll Dicke geschnitten

•2 Tassen Sojasauce

•1/2 Tasse braun Zucker:

•1 Tasse Ananassaft

•2 EL sriracha

•2 EL Rote-Pfeffer-Flocke

•2 EL Hoisin

•2 EL Zwiebelpulver

•2 EL Reisweinessig

•2 EL Knoblauch, gehackt

Wegbeschreibungen:

1.Mix alle Zutaten in einem Ziploc Tasche. Versiegeln Sie den

Beutel und mischen Sie, bis das Rindfleisch gut beschichtet ist.

Stellen Sie sicher, dass Sie so viel Luft wie möglich aus der

Ziploc Tasche erhalten.

2.Put die Tasche in den Kühlschrank über Nacht marinieren

lassen. Entfernen Sie die Tasche 1 Stunde vor dem Kochen aus

dem Kühlschrank.

3.Starten Sie Ihren Holzpalettengrill und stellen Sie ihn auf

Raucheinstellung. Layout das Fleisch auf dem Grill mit einem

halben Zoll Raum zwischen ihnen.

4.Lassen Sie sie für 5 Stunden kochen, während Sie nach jeder

2-1/2 Stunden drehen.

5.Transfer vom Grill und lassen Sie abkühlen für 30 Minuten

vor dem Servieren.

Ernährung:

- Kalorien: 80,

- Fett: 1g,

- Protein: 14g,

- Zucker: 5g,

- Faser: 0g,

- Natrium: 650mg

Reverse Seared Flank Steak

Zubereitungszeit: 10 Minuten

Kochzeit: 10 Minuten

Portionen: 2

Zutaten:

•1,5 lb. Flanks Steak

•1 EL Salz

•1/2 Zwiebelpulver

•1/4 EL Knoblauchpulver

•1/2 schwarzer Pfeffer, grob gemahlen

Wegbeschreibungen:

1.Vorheizen Sie Ihren Traeger-Grill auf 225°F.

2.In einer Rührschüssel Salz, Zwiebelpulver, Knoblauchpulver und Pfeffer mischen. Das Steak großzügig mit der Mischung reiben.

3.Legen Sie die Steaks auf den vorgeheizten Grill, schließen Sie den Deckel und lassen Sie das Steak kochen.

4.Kurbeln Sie den Grill nach oben dann lassen Sie es erhitzen.

Das Steak sollte vom Grill und mit Folie gezelt werden, um es

warm zu halten.

5.Sobald der Grill auf 450°F erhitzt ist, legen Sie das Steak

zurück und Grill für 3 Minuten pro Seite.

6.Entfernen Sie von der Hitze, klopfen Sie mit Butter, und

servieren. Genießen.

Ernährung:

•Kalorien: 112, Fett: 5g,

•Protein: 16g, Zucker: 0g,

•Faser: 0g, Natrium: 737mg

Speck-wrapped Pork Tenderloin

Zubereitungszeit: 15 Minuten

Kochzeit: 40 Minuten

Portionen: 4

Zutaten:

•1 Schweinefilet.

•4 Speckstreifen.

Reiben:

•8 EL brauner Zucker.

•3 EL koscheres Salz nach Geschmack.

•1 EL Chilipulver.

•1 TL schwarzer Pfeffer nach Geschmack.

•1 TL Zwiebelpulver.

•1 TL Knoblauchpulver.

Wegbeschreibungen:

1.Verwenden Sie eine kleine Mischschüssel, fügen Sie Zucker,

Chilipulver, Zwiebelpulver, Knoblauchpulver, Salz und

Pfeffer nach Geschmack, richtig mischen, kombinieren, und

---

beiseite stellen. Verwenden Sie ein scharfes Messer, um fette auf dem Schweinefleisch vorhanden zu trimmen, dann mantel mit 1/4 der vorbereiteten reiben. Stellen Sie sicher, dass Sie alle Seiten beschichten.

2.Rollen Sie jedes Schweinefilet mit einem Stück Speck, legen Sie das Fleisch auf ein Schneidebrett, dann hämmern Sie mit einem Fleischschläger, um eine gleichmäßige Dicke zu geben, sichern Sie die Enden des Specks mit Zahnstochern still zu halten. Das Fleisch wieder mit etwas mehr von der Reibe würzen, dann beiseite stellen.

3.Einen Traeger Raucher und Grill auf 350°F vorheizen, das Schweinefilet auf den Grill stellen und ca. 15 Minuten grillen. Erhöhen Sie die Temperatur des Grills auf 400°F und kochen Sie für weitere 15 Minuten, bis es durchgegart ist und liest eine Innentemperatur von 145°F.

4.Einmal gekocht, lassen Sie das Schweinefleisch für ein paar Minuten ruhen, in Scheiben schneiden und servieren.

Ernährung:

- Kalorien: 236

- Fett 8g

- Kohlenhydrate: 10g

- Protein: 29g

Typische Nachos

Zubereitungszeit: 15 Minuten

Kochzeit: 10 Minuten

Portionen: 4

Zutaten:

- 2 Tassen übrig gebliebengeres reines Pulled Pork

- 1 kleine süße Zwiebel, gewürfelt

- 1 mittelgroße Tomate, gewürfelt

- 1 Jalapeo-Pfeffer, entkernt und gewürfelt

- 1 Knoblauchzehe, gehackt

- 1 TL Salz

- 1 TL frisch gemahlener schwarzer Pfeffer

- 1 Beutel Tortilla Chips

- 1 Tasse geschredderter Cheddar-Käse

- 1/2 Tasse Bill es Best BBQ Sauce, geteilt

- 1/2 Tasse geschredderter Jalapeo Monterey Jack Käse

- 1/2 Limette, entsaftet

- 1 Avocado, halbiert, entsteint und in Scheiben geschnitten

•2 EL saure Sahne

•1 EL gehackter frischer Koriander

Wegbeschreibungen:

1.Beliefern Sie Ihren Raucher mit Traeger und folgen Sie dem

spezifischen Anlaufverfahren des Herstellers. Vorheizen, mit

dem Deckel, geschlossen, auf 375°F.

2.Erhitzen Sie das gezogene Schweinefleisch in der

Mikrowelle.

3.In eine mittlere Schüssel, kombinieren Sie die Zwiebel, Die

Tomate, jalapeo, Knoblauch, Salz und Pfeffer, und beiseite

stellen.

4.Arrange die Hälfte der Tortilla-Chips in einer großen

gusseisernen Pfanne. Die Hälfte des erwärmten

Schweinefleisches darüber verteilen und mit dem Cheddar-

Käse bedecken. Top mit der Hälfte der Zwiebel-Jalapeo-

Mischung, dann mit 1/4 Tasse Barbecue-Sauce beträkeln

5.Layer auf die restlichen Tortilla-Chips, dann das restliche

Schweinefleisch und den Monterey Jack Käse. Top mit der

restlichen Zwiebel-Jalapeo-Mischung und Nieselregen mit der restlichen 1/4 Tasse Barbecue-Sauce.

6.Stellen Sie die Pfanne auf den Grill, schließen Sie den Deckel, und rauchen Sie für etwa 10 Minuten, oder bis der Käse geschmolzen und sprudelt. (Achten Sie darauf, dass Ihre Chips nicht brennen!)

7.Squeeze den Limettensaft über die Nachos, oben mit den Avocado-Scheiben und saure Sahne, und garnieren mit dem Koriander vor dem Servieren heiß.

Ernährung:

• Kalorien: 688

• Protein: 58,9 g

• Kohlenhydrate: 2.7g

• Fett: 47.3g

• Zucker: 0.2g

Carolina Pork Ribs

Zubereitungszeit: 12 Stunden

Kochzeit: 3 Stunden

Portionen: 6

Zutaten:

• 2 Racks Schweine-Ersatzrippen

• 1/2 Tasse "Burning' Love" Rub

• 1 Tasse Carolina Basting Sauce

• 1 Tasse Carolina BBQ Sauce

Wegbeschreibungen:

1.Vorbereiten Sie Rippen, indem Sie die Membran von der

Unterseite entfernen. Schneiden Sie loses Fett ab und würzen

Sie Rippen mit Reiben, wickeln Sie sie in Plastikfolie und

kühlen Sie sie über Nacht.

2.Lassen Sie Rippen für 1 Stunde erwärmen. Traeger-Grill auf

280°F vorheizen.

3.Wenn Sie die Rippen saucen möchten, tun Sie dies 5

Minuten, bevor sie fertig sind, jede Minute drehen und

beobachten.

Ernährung:

•Kalorien: 290

•Kohlenhydrate: 5g

•Fett: 23g

•Protein: 15g

Schweinehalsband mit Rosmarin Marinade

Zubereitungszeit: 15 Minuten Kochzeit: 30 Minuten Portionen:

6 Zutaten:

• 1 Schweinehalsband (3–4lb.)

• 3 EL. Rosmarin, frisch

• 3 gehackte Schalotten

• 2 EL gehackter Knoblauch

• 1/2 Tasse Bourbon

• 2 TL. Koriander, gemahlen

• 1 Flasche Apple Ale

• 1 TL gemahlener schwarzer Pfeffer

• 2 TL. Salz

• 3 EL Öl

Wegbeschreibungen:

1.In einem Ziploc-Beutel, kombinieren Sie den schwarzen

Pfeffer, Salz, Rapsöl, Apfel Ale, Bourbon, Koriander,

Knoblauch, Schalotten und Rosmarin.

2.Schneiden Sie das Fleisch in Platten (2 Zoll) und marinieren Sie im Kühlschrank über Nacht.

3.Den Grill mit geschlossenem Deckel auf 450°F vorheizen. Grillen Sie das Fleisch für 5 Minuten und senken Sie die Temperatur auf 325 °F. Gießen Sie die Marinade über das Fleisch. Kochen Sie 25 Minuten mehr.

4.Kochen, bis die Innentemperatur des Fleisches 160°F ist.

5.Serve und genießen!

Ernährung: Kalorien: 420 Protein: 30g Kohlenhydrate: 4g Fett: 26g

Einfaches Schweinefilet

Zubereitungszeit: 15min

Kochzeit: 20min

Portionen: 4 - 6

Zutaten:

• 2 Schweinefilet (je 12–15 Unzen)

• 6 EL heiße Sauce im Louisiana-Stil

• 6 EL geschmolzene Butter

• Cajun-Gewürz nach Bedarf

Wegbeschreibungen:

1. Trim die silberne Haut aus dem Fleisch.

2. In eine große Schüssel, kombinieren Sie die heiße Sauce und geschmolzene Butter. Das Fleisch in dieser Mischung rollen und mit Cajun-Gewürz würzen.

3. Den Grill mit geschlossenem Deckel auf 400°F vorheizen.

4. Grill das Fleisch für 8 Minuten auf jeder Seite. Die Innentemperatur sollte 145°F sein und wenn Sie gut gemacht wollen, kochen Sie bis 160°F.

5.Lassen Sie es für ein paar Minuten vor dem Schneiden

ruhen. Servieren Sie mit Ihrer Lieblings-Beilage und genießen!

Ernährung

• Kalorien: 150

• Protein: 20g

• Kohlenhydrate: 0

• Fett: 3g

Türkei mit Aprikosen-Grillglasur

Zubereitungszeit: 30 Minuten

Kochzeit: 30 Minuten

Portionen: 4

Zutaten:

•4 Putenbrustfilets

•4 EL Huhn reiben

•1 Tasse Aprikosen-Grillsauce

Wegbeschreibungen:

1.Den Traeger-Grill 15 Minuten lang auf 365°F vorheizen,

während der Deckel geschlossen ist.

2.Würzen Sie die Putenfilets mit dem Hühnerlauf.

3.Grillen Sie die Putenfilets für 5 Minuten pro Seite.

4.Bürsten Sie beide Seiten mit der Barbecue-Sauce und Grill

für weitere 5 Minuten pro Seite.

Servieren Vorschlag: Mit gebutterten Blumenkohl servieren.

Zubereitung / Kochtipps: Sie können Truthahn mit

Chilipulver bestreuen, wenn Sie Ihr Gericht würzig wollen.

Ernährung:

- Kalorien: 316

- Fett: 12,3 g

- Kohlenhydrate: 0 g

- Protein: 29,8 g

- Faser: 0 g

Hausgemachte Türkei Gravy

Zubereitungszeit: 20 Minuten

Kochzeit: 3 Stunden 20 Minuten

Portionen: 8-12

Zutaten:

• 1 Truthahn, Hals

• 2 große Zwiebel, acht

• 4 Sellerie, Stiele

• 4 große Karotten, frisch

• 8 Knoblauchzehe, zerschlagen

• 8 Thymianzweige

• 4 Tasse Hühnerbrühe

• 1 TL Hühnerbrühe

• 1 TL Salz

• 1 TL geknackter schwarzer Pfeffer

• 1 Butter, Stöcke

• 1 Tasse Allzweckmehl

Wegbeschreibungen:

1.Wenn sie bereit zum Kochen ist, stellen Sie die Temperatur auf 350°F ein und heizen Sie den Traeger-Grill mit geschlossenem Deckel 15 Minuten vor.

2.Pute Hals, Sellerie, Karotten (grob gehackt), Knoblauch, Zwiebel und Thymian auf eine Bratpfanne. Vier Tassen Hühnerbrühe dazugeben und dann mit Salz und Pfeffer abschmecken.

3.Bewegen Sie den vorbereiteten Truthahn auf dem Rack in die Bratpfanne und legen Sie ihn in den Traegergrill.

4.Kochen Sie für ca. 3–4 Stunden, bis die Brust 160°F erreicht. Der Truthahn wird weiter kochen und es wird eine fertige Innentemperatur von 165°F erreichen.

5.Die Tropfen in einen Topf streichen und auf niedrig köcheln lassen.

6.In einen Topf, Butter (in 8 Stücke geschnitten) und Mehl mit einem Schneebesen rühren, bis goldene Bräune. Dies dauert etwa 8 Minuten, Rührung ständig.

7.Whisk die Tropfen in den Roux dann kochen, bis es zum

Kochen kommt. Mit Salz und Pfeffer abschmecken.

Ernährung:

• Kalorien: 160

• Kohlenhydrate 27g

• Protein: 55g

• Fett 23g

• Gesättigtes Fett: 6.1g

Traeger Elk Jerky

Zubereitungszeit: 10 Minuten

Kochzeit: 6 Stunden

Portionen: 10

Zutaten:

• 4 Pfund Elch Hamburger

• 1/4 Tasse Sojasauce

• 1/4 Tasse Teriyaki-Sauce

• 1/4 Tasse Worcestershire Sauce

• 1 EL Paprika

• 1 EL Chilipulver

• 1 EL zerkleinerter paprika

• 3 EL heiße Sauce

• 1 EL Pfeffer

• 1 EL Knoblauchpulver

• 1 EL Zwiebelsalz

• 1 EL Salz

Wegbeschreibungen:

1.Beginnen Sie, indem Sie alle Zutaten der Würze und den Elch Hamburger in einer großen Schüssel mischen; dann für ca. 12 Stunden im Kühlschrank sitzen lassen

2.Leuchten Sie Ihren Traeger Raucher auf eine niedrige Temperatur von ca. 160°F

3.Nehmen Sie das Elchfleisch aus Ihrem Kühlschrank und beginnen Sie, Streifen des Fleisches manuell oder mit einem Nudelholz zu machen

4.Add Raucher-Holz-Chips zu Ihrem Traeger Rauchergrill und reiben Einige Menge Olivenöl über den Raucher Rost legen Sie die Streifen in einer Reihe

5.Warm einen Dehydrator auf etwa die Hälfte des Raucherprozesses

6.Entfernen Sie den Elch ruckartigeFleisch von Ihrem Raucher bei etwa 3 Stunden

7.Line es in die Küche.

8.Line Ihren Dehydrator mit dem Elch ruckartige Fleisch und halten Sie es in für etwa 5 bis 6 zusätzliche Stunden

9.Serve und genießen!

Ernährung:

- Kalorien: 70

- Fett: 1g

- Kohlenhydrate: 3g

- Faser: 0g

- Protein: 10g

Ground Turkey Burgers

Zubereitungszeit: 15 Minuten

Kochzeit: 50 Minuten

Portionen: 6

Zutaten:

- 2/3 Tasse Brotkrümel.

- 1/2 Tasse gehackter Sellerie

- 1/4 Tasse gehackte Zwiebel

- 1 EL gehackte Petersilie

- 1 TL Worcestershire Sauce

- 1 TL getrockneter Oregano

- 1/2 TL Salz nach Geschmack

- 1/4 TL Pfeffer

- 1-1/4 Pfund magergemahlener Truthahn

- 6 Hamburger Brötchen

- Optionales Topping

- 1 in Scheiben geschnittene Tomate

- 1 in Scheiben geschnittene Zwiebel

•Salatblätter

•Geschlagenes Ei

Wegbeschreibungen:

1.Mit einer kleinen Rührschüssel, fügen Sie alle Zutaten auf der Liste abgesehen von der Türkei und Brötchen dann richtig mischen zu kombinieren.

2.Add in den gemahlenen Truthahn dann mischen sie alles zu kombinieren. Fühlen Sie sich frei, saubere Hände dafür zu verwenden. Machen Sie etwa sechs Patties der Mischung dann beiseite.

3.Preheat Ihre Traeger Raucher und Grill auf 375°F, legen Sie die Truthahn Patties auf dem Grill und Grill für etwa fünfundvierzig Minuten, bis seine innentemperatur liest 165°F. zu montieren, verwenden Sie ein Messer, um das Brötchen in zwei zu teilen, oben mit dem vorbereiteten Burger und Ihr Lieblings-Topping dann schließen mit einer anderen Hälfte der Brötchen Dienen.

Ernährung:

- Kalorien: 293

- Fett: 11g

- Kohlenhydrate: 27g

- Faser: 4g

- Protein: 22g

Köstliches BLT Sandwich

Zubereitungszeit: 15 Minuten Kochzeit: 35 Minuten Portionen:

4-6 Zutaten:

- 8 Scheiben Speck

- 1/2 romaine Herz

- 1 geschnittene Tomate

- 4 Scheiben Sandwichbrot

- 3 EL Mayonnaise

- Gesalzene Butter

- Meersalz nach Geschmack

- Pfeffer nach Geschmack

Wegbeschreibungen:

1. Einen Traeger Raucher und Grill für ca. 15 Minuten mit geschlossenem Deckel auf 350°F vorheizen.

2. Legen Sie die Speckscheiben auf den vorgeheizten Grill und kochen Sie für etwa fünfzehn bis zwanzig Minuten, bis sie knusprig werden.

3.Weiter buttern beide Seiten des Brotes, legen Sie eine

Grillpfanne auf das Gitter des Traeger, und toasten Sie das

Brot für ein paar Minuten, bis sie auf beiden Seiten braun

werden, beiseite stellen.

4.Mit einer kleinen Rührschüssel, fügen Sie in die in Scheiben

geschnittenen Tomaten, würzen mit Salz und Pfeffer, um zu

schmecken, dann mischen, um zu beschichten.

5.Weiter, Mayo auf beiden Seiten des gerösteten Brotes

verteilen, oben mit dem Salat, Tomaten und Speck dann

genießen.

Ernährung: Kalorien: 284 Protein: 19g Fett: 19g

Kohlenhydrate: 11g Ballaststoffe: 2g

Gemüse und vegetarische Rezepte

Gebackene Erbstück Tomaten Tarte

Zubereitungszeit: 20 Minuten

Kochzeit: 1 Stunde und 40 Minuten

Portionen: 6

Zutaten:

•1 Blatt Blätterteig

•2 Lbs. Erbstück Tomaten, verschiedene Formen und Größen

•1/2 Tasse Ricotta

•5 Eier

•1/2 EL koscheres Salz

•1/2 TL Thymianblätter

•1/2 TL Rote Pfefferflocken

•Pinch Schwarzer Pfeffer

•4 Sprigs Thymian

•Salz und Pfeffer, nach Geschmack

Wegbeschreibungen:

1.Wenn bereit zu kochen, stellen Sie die Temperatur auf 350°F
und vorheizen, Deckel für 15 Minuten geschlossen.

2.Legen Sie den Blätterteig auf ein pergament gefüttertes

Blatttablett, und machen Sie einen Schnitt 3/4 des Weges

durch das Gebäck, 1/2" von der Kante.

3.Die Tomaten schneiden und mit Salz abschmecken. Auf ein

mit Papiertüchern ausgekleidetes Blatt legen.

4.In einer kleinen Schüssel kombinieren Sie die Ricotta, 4 der

Eier, Salz, Thymianblätter, rote Pfefferflocken und schwarzen

Pfeffer. Zusammenrühren, bis kombiniert. Die Ricotta-

Mischung über das Blätterteig-Gebäck verteilen und innerhalb

von 1/2" vom Rand bleiben.

5.Die Tomaten auf den Ricotta legen und mit Salz, Pfeffer und

Thymianbeichen bestreuen.

6.In eine kleine Schüssel das letzte Ei. Bürsten Sie die

Eiwäsche auf die freiliegenden Ränder des Gebäcks.

7.Stellen Sie das Blechtablett direkt auf den Grillrost und

backen Sie für 45 Minuten, drehen Sie sich auf halbem Weg

durch.

8.Wenn die Ränder gebräunt sind und die Feuchtigkeit von den Tomaten verdampft ist, entfernen Sie vom Grill und lassen Sie 5-7 Minuten vor dem Servieren abkühlen. Genießen!

Ernährung:

- Kalorien: 443

- Protein: 13.8g

- Kohlenhydrate: 36.3g

Geräucherte eingelegte grüne Bohnen

Zubereitungszeit: 5 Minuten Kochzeit: 15 bis 20 Minuten

Portionen: 2 Zutaten:

• 1 Lb. Grüne Bohnen, Blanched

• 1/2 Tasse Salz

• 1/2 Tasse Zucker

• 1 EL Rote Pfefferflocke

• 2 Tassen Weißweinessig

• 2 Tassen Eiswasser

Wegbeschreibungen:

1. Wenn bereit zu kochen, stellen Sie die Temperatur auf 180 °F und vorheizen, Deckel für 15 Minuten geschlossen.

2. Legen Sie die blanchierten grünen Bohnen auf eine Mesh-Grillmatte und legen Sie die Matte direkt auf den Grillrost. Rauchen Sie die grünen Bohnen für 30-45 Minuten, bis sie die gewünschte Menge an Rauch aufgenommen haben. Vom Grill nehmen und beiseite stellen, bis die Sole fertig ist.

3.In einen mittelgroßen Topf, bringen Sie alle restlichen

Zutaten außer Eiswasser, bei mittlerer Hitze auf dem Herd

zum Kochen. 5-10 Minuten köcheln lassen und dann von der

Hitze entfernen und 20 Minuten mehr steil. Salzlake über

Eiswasser gießen, um es abzukühlen.

4.Sobald die Sole abgekühlt ist, gießen Sie die grünen Bohnen

über gießen und wiegen Sie sie mit ein paar Tellern, um

sicherzustellen, dass sie vollständig untergetaucht sind.

Lassen Sie 24 Stunden vor Gebrauch sitzen.

Ernährung: Kalorien: 99 Fett: 5g Kohlenhydrate: 19mg

Gebackener Spargel Pancetta Käse Tart

Zubereitungszeit: 10 Minuten

Kochzeit: 20 bis 30 Minuten

Portionen: 5

Zutaten:

- 1 Blatt Blätterteig

- 8 Oz Spargel, Bleistift Speere

- 8 Oz Pancetta, gekocht und entwässert

- 1 Tasse Sahne

- 4 Eier

- 1/4 Tasse Ziegenkäse

- 4 EL geriebener Parmesan

- 1 EL gehackte Chives

- Schwarzer Pfeffer

Wegbeschreibungen:

1.Wenn bereit zu kochen, stellen Sie die Temperatur auf 375°F und vorheizen, Deckel für 15 Minuten geschlossen.

2.Stellen Sie den Blätterteig auf eine halbe Blattschale und punkten Sie um den Umfang 1 Zoll in von den Rändern, um sicherzustellen, dass nicht den ganzen Weg durch zu schneiden. Mit einer Gabel die Mitte des Blätterteigs stechen.

3.Stellen Sie das Blech tablett direkt auf den Grillrost und backen Sie für 15-20 Minuten, bis das Gebäck ein wenig gepufft und gebräunt hat.

4.Während die Backwaren die Sahne kombinieren, 3 Eier, beide Arten von Käse, und Schnittlauch in einer kleinen Schüssel. Whisk gut mischen.

5.Entfernen Sie das Blech tablett vom Grill und gießen Sie die Eimischung in den Blätterteig. Die Spargelspieße auf die Eiermischung legen und mit gekochter Pancetta bestreuen.

6.Das restliche Ei in einer kleinen Schüssel verrühren und die Oberseite des Gebäcks mit dem Eierwaschen bürsten.

7.Legen Sie wieder auf den Grillrost und kochen Sie für weitere 15-20 Minuten, bis die Ei-Mischung gerade gesetzt ist.

8.Finish Torte mit Zitronenschale, mehr gehackten

Schnittlauch, und rasierte Parmesan.

Ernährung:

•Kalorien: 50

•Kohlenhydrate: 4g

•Faser: 2g

•Fett: 2.5g

•Protein: 2g

Spaghetti Squash mit brauner Butter und Parmesan

Zubereitungszeit: 15 Minuten

Kochzeit: 50 bis 60 Minuten

Portionen: 5

Zutaten:

• 1 Spaghetti Squash, 2 1/2 bis 3 lb.

• 4 EL (1/2 Stick) ungesalzene Butter

• Pinch frisch geriebene Muskatnuss

• 1/3 Tasse geriebener Parmigiano-Reggiano-Käse

• Salz und frisch gemahlener Pfeffer, nach Geschmack

Wegbeschreibungen:

1.Stellen Sie den ganzen Squash in einen großen Topf und fügen Sie Wasser hinzu. Bei großer Hitze zum Kochen bringen, die Hitze auf mitteltief reduzieren und ungedeckt köcheln lassen, bis der Squash leicht mit einem Messer durchbohrt werden kann, ca. 45 Minuten.

2.In der Zwischenzeit, in einem Topf bei mittlerer Hitze,

schmelzen Sie die Butter und kochen Sie sie, bis sie braun

wird und einfach zu rauchen beginnt, 3 bis 4 Minuten. Sofort

von der Hitze nehmen und die Muskatnuss einrühren.

3.Wenn der Squash fertig ist, abtropfen lassen und beiseite

stellen, bis kühl genug zu handhaben. Schneiden Sie den

Kürbis in der Längsrichtung und kratzen Sie mit einer Gabel

die Samen heraus und entsorgen Sie sie. Die Squashhälften,

die Seiten nach oben schneiden, auf eine Servierplatte legen.

Mit der Gabel, kratzen Sie das Fleisch frei von der Haut,

sorgfältig trennen sie in die Spaghetti-ähnlichen Stränge, die

es natürlich bildet. Lassen Sie die Stränge in den

Squashhälften hügeln. Wenn die Butter abgekühlt ist, bei

mittlerer Hitze bis heiß auflegen.

4.To servieren, die Butter gleichmäßig über den Squash

tropfen. Mit dem Käse bestreuen und mit Salz und Pfeffer

abschmecken. Sofort servieren.

Ernährung:

- Kalorien: 214.3

- Fett: 3.4g

- Gesättigtes Fett: 1.7g

Geräucherte Jalapeno Poppers

Zubereitungszeit: 10 Minuten

Kochzeit: 20 bis 25 Minuten

Portionen: 4

Zutaten:

12 jalapeno Paprika

•8 Unzen Frischkäse, Raumtemperatur

•10 Stück Speck

Wegbeschreibungen:

1.Vorheizen Sie Ihren Grill oder einen anderen Holz-Traeger-Grill auf 350°.

2.Waschen und schneiden Sie die Tops von den Paprika, und dann schneiden Sie sie in die Hälfte der langen Strecke. Die Samen und Membranen herauskratzen und beiseite stellen.

3.Spoon erweichten Frischkäse in den Popper, und wickeln sie mit Speck und sichern Sie mit einem Zahnstocher.

4.Stellen Sie auf Drahtgestells, die Antihaft sind oder mit Antihaftspray besprüht wurden, und grillen Sie für 20-25 Minuten, oder bis der Speck gekocht ist.

Ernährung:

• Kalorien: 94

• Kohlenhydrate: 5g

• Fett: 7g

Fisch & Meeresfrüchte
Rezepte

Buttered Clams

Zubereitungszeit: 15 Minuten

Kochzeit: 8 Minuten

Portionen: 6

Zutaten:

• 24 Kleine Muscheln

• 1/2 Tasse kalte Butter, gehackt

• 2 EL frische Petersilie, gehackt

• 3 Knoblauchzehen, gehackt

• 1 TL frischer Zitronensaft

Wegbeschreibungen:

1.Preheat die Z Grills Traeger Grill & Smoker auf Grill

Einstellung auf 450°F.

2.Scrub die Muscheln unter kaltem fließendem Wasser.

3.In eine große Auflaufschale, mischen Sie die restlichen

Zutaten zusammen.

4.Stellen Sie die Auflaufschale auf den Grill.

5.Jetzt, ordnen Sie die Muscheln direkt auf den Grill und

kochen für etwa 5-8 Minuten oder bis sie geöffnet sind.

(Verwerfen Sie alle, die nicht geöffnet werden können). Mit

Zangen die geöffneten Muscheln vorsichtig in die

Auflaufform geben und vom Grill nehmen. Sofort servieren.

Ernährung: Kalorien: 306 Fett: 17,6 g gesättigte Fettsäuren: 9,9

g Cholesterin: 118 mg Natrium: 237 mg Kohlenhydrate: 6,4 g

Ballaststoffe: 0,1 g Zucker 0,1 g Protein: 29,3 g

Zitrone Hummer Schwänze

Zubereitungszeit: 15 Minuten

Kochzeit: 25 Stunden Portionen: 4

Zutaten:

• 1/2 Tasse Butter, geschmolzen

• 2 Knoblauchzehen, gehackt

• 2 TL frischer Zitronensaft

• Salz und gemahlener schwarzer Pfeffer, nach Bedarf

• 4 (8-Unzen) Hummerschwänze

Wegbeschreibungen:

1. Preheat die Z Grills Traeger Grill & Smoker auf Grill Einstellung auf 450°F.

2. In einer Metallpfanne alle Zutaten mit Ausnahme von Hummerschwänzen hinzufügen und gut vermischen.

3. Stellen Sie die Pfanne auf den Grill und kochen für ca. 10 Minuten.

4. In der Zwischenzeit die Oberseite der Schale schneiden und Hummerfleisch aussetzen.

5.Entfernen Pfanne Buttermischung vom Grill.

6.Beschichten Sie das Hummerfleisch mit Buttermischung.

7.Legen Sie die Hummerschwänze auf den Grill und kochen

für etwa 15 Minuten, Beschichtung mit Buttermischung

einmal auf halbem Weg.

8.Entfernen Sie vom Grill und servieren heiß.

Ernährung: Kalorien: 409 Fett: 24,9 g Gesättigte Fettsäuren:

15,1 g Cholesterin: 392 mg Natrium: 1305 mg Kohlenhydrate:

0,6 g Ballaststoffe: 0 g Zucker 0,1 g Protein: 43,5 g

Gewürzter Lachs Kebabs

Zubereitungszeit: 20 Minuten

Kochzeit: 25 Minuten

Portionen: 4

Zutaten:

• 2 EL gehackter frischer Oregano

• 2 TL Sesamsamen

• 1 TL gemahlener Kreuzkümmel

• 1 TL Koscheres Salz

• 1/4 TL zerkleinerte Paprikaflocken

• 1 1/2 Pfund hautlose Lachsfilets, in 1" Stücke geschnitten

• 2 Zitronen, dünn in Runden geschnitten

• 2 EL Olivenöl

• 16 Bambusspieße, die eine Stunde lang in Wasser eingeweicht wurden

Unverträglichkeiten:

• Glutenfrei

• Eifrei

- Laktosefrei

Wegbeschreibungen:

1. Richten Sie den Grill für mittlere Hitze ein. Oregano, Sesam, Kreuzkümmel, Salz und Paprikaflocken in einer kleinen Schüssel verrühren. Die Gewürzmischung beiseite legen.

2. String den Lachs und die Zitrone Scheiben auf 8 Sätze von parallelen Spießen, um 8 Kebabs zu machen.

3. Spoon mit Öl und würzen mit der Gewürzmischung.

4. Grill und drehen Sie sich manchmal, bis der Fisch gekocht ist.

Ernährung:

- Kalorien: 230

- Fett: 10g

- Kohlenhydrate: 1g

- Protein: 30g

Gegrillte Zwiebelbutter Kabeljau

Zubereitungszeit: 10 Minuten

Kochzeit: 15 Minuten

Portionen: 4

Zutaten:

- 1/4 Tasse Butter

- 1 fein gehackte kleine Zwiebel

- 1/4 Tasse Weißwein

- 4 (6un) Kabeljaufilets

- 1 EL natives Olivenöl extra

- 1/2 TL Salz (oder nach Geschmack)

- 1/2 TL schwarzer Pfeffer

- Zitronenkeile

Unverträglichkeiten:

- Glutenfrei

- Eifrei

Wegbeschreibungen:

- Stellen Sie den Grill für mittlere Hitze ein.

• In einer kleinen Pfanne verflüssigen Die Butter. Fügen Sie die Zwiebel und kochen für 1 oder 2 Minuten.

• Den Weißwein hinzufügen und 3 Minuten zusätzlich einkochen lassen. Nehmen Sie es weg und lassen Sie es 5 Minuten abkühlen.

• Die Filets mit nativem Olivenöl extra löffeln und mit Salz und Pfeffer bestreuen. Den Fisch auf ein gut geöltes Gestell legen und 8 Minuten kochen lassen.

• Mit Sauce würzen und vorsichtig umdrehen. Kochen Sie für 6 bis 7 Minuten mehr, drehen Sie mehr Mal oder bis der Fisch bei einer Innentemperatur von 145oF ankommt.

• Vom Grill wegnehmen, mit Zitronenkeilen aufziehen und servieren.

Ernährung:

- Kalorien: 140

- Fett: 5g

- Cholesterin: 46mg

- Kohlenhydrate: 4g

- Protein: 20g

Gefüllte Tintenfische auf Traeger Grill

Zubereitungszeit: 15 Minuten

Kochzeit: 30 Minuten

Portionen: 8

Zutaten:

• 2 lbs. Tintenfisch

• 4 Knoblauchzehen

• 10 Zweige Petersilie

• 4 Scheiben altes Brot

• 1/3 Tasse Milch

• Salz und gemahlener weißer Pfeffer

• 4 Scheiben Prosciutto

• 4 Scheiben Käse

• 3 EL Olivenöl

• 1 Zitrone

Wegbeschreibungen:

1.Waschen und reinigen Sie Ihren Tintenfisch und klopfen Sie trocken auf ein Papiertuch. Petersilie und Knoblauch fein hacken.

2.Schneiden Sie Brot in Würfel und tränken Sie es in Milch.

3.Hinzufügen Petersilie, Knoblauch, weißer Pfeffer und Salz. Gut zusammenrühren.

4.Schneiden Sie den Käse in größere Stücke (die Stücke sollten groß genug sein, damit sie durch die Öffnung des Tintenfischs geschoben werden können).

5.Mischen Sie den Käse mit Schinkenscheiben und rühren Sie gut zusammen mit den restlichen Zutaten.

6.Verwenden Sie Ihre Finger, um die Beutelpackung Tintenfisch zu öffnen und schob die Mischung nach innen. Am Ende noch etwas Brot dazugeben.

7.Schließen Sie die Öffnungen mit Zahnstochern.

8.Starten Sie Ihren Traeger Grill auf Rauch mit dem Deckel offen für 5 Minuten.

9.Stellen Sie die Temperatur auf die höchste Einstellung und vorheizen, Deckel geschlossen, für 10 – 15 Minuten.

10.Grill Tintenfisch für 3 – 4 Minuten, um darauf zu achten, den Tintenfisch nicht zu verbrennen. Heiß servieren.

Ernährung:

•Kalorien: 290

•Fett: 13g

•Cholesterin: 288mg

•Kohlenhydrate: 13g

•Protein: 25g

Fischeintopf

Zubereitungszeit: 20 Minuten

Kochzeit: 25 Minuten

Portionen: 8

Zutaten:

- 1 Glas (28oz.) Zerkleinerte Tomaten

- 2 Unzen. Tomatenmark

- 1/4 Tasse Weißwein

- 1/4 Tasse Hühnerbrühe

- 2 EL. Butter

- 2 Knoblauchzehen, gehackt

- 1/4 Zwiebel, gewürfelt

- 1/2 lb. Garnelen göttlich und gereinigt

- 1/2 lb. Muscheln

- 1/2 lb. Heilbutt

- Petersilie

- Brot

Wegbeschreibungen:

1.Den Grill mit einem geschlossenen Deckel auf 300°F

vorheizen.

2.Stellen Sie einen holländischen Ofen bei mittlerer Hitze und

schmelzen Sie die Butter.

3.Sauté die Zwiebel für 4 - 7 Minuten. Fügen Sie den

Knoblauch hinzu. Kochen Sie für 1 weitere Minute.

4.Fügen Sie die Tomatenmark. Kochen, bis die Farbe rostrot

wird. Gießen Sie den Stock und Wein. Kochen Sie 10 Minuten.

Die Tomaten dazugeben, köcheln lassen.

5.Chop den Heilbutt und zusammen mit den anderen

Meeresfrüchten in den holländischen Ofen hinzufügen. Legen

Sie es auf den Grill und decken Sie mit einem Deckel.

6.Lassen Sie es für 20 Minuten kochen.

7.Saison mit schwarzem Pfeffer und Salz und beiseite stellen.

8.Top mit gehackter Petersilie und mit Brot servieren.

9.Genießen Sie!

Ernährung:

- Kalorien: 188

- Protein: 25g

- Kohlenhydrate: 7g

- Fett: 12g

Rub und Saucen Rezepte

Geräucherte Kirsch-GRILLsauce

Zubereitungszeit: 20 Minuten

Kochzeit: 1 Stunde

Portionen: 2

Zutaten:

• 2 Pfund dunkle Süßkirschen, entsteint

• 1 große gehackte Zwiebel

• 1/2 EL rote Pfefferflocken, zerkleinert

• 1 EL koscheres Salz oder nach Geschmack

• 1/2 EL Ingwer, gemahlen

• 1/2 EL schwarzer Pfeffer

• 1/2 EL Kreuzkümmel

• 1/2 EL Cayennepfeffer

• 1 EL Zwiebelpulver

• 1 EL Knoblauchpulver

• 1 EL geräucherter Paprika

• 2 gehackte Knoblauchzehen

• 1/2 Tasse Pinot Noir

- 2 EL gelber Senf

- 1-1/2 Tassen Ketchup

- 2 EL Balsamico-Essig

- 1/3 Tasse Apfelessig

- 2 EL dunkle Sojasauce

- 1 EL Flüssigrauch

- 1/4 Tasse Worcestershire Sauce

- 1 EL Luke Chile Pulver

- 3 EL Honig

- 1 Tasse brauner Zucker

- 3 EL Melasse

Wegbeschreibungen:

1. Heizen Sie Ihren Raucher auf 250°F vor.

2. Legen Sie Kirschen in eine Backform, Medium, und rauchen

für ca. 2 Stunden.

3. Sauté Zwiebeln und Paprika Flocken in einem Topf, groß,

mit 2 EL Öl für ca. 4 Minuten, bis erweicht.

4. Salz hinzufügen und für weitere 1 Minute kochen.

5.Fügen Sie Ingwer, schwarzen Pfeffer, Kreuzkümmel,

Zwiebelpulver, Knoblauchpulver und Paprika dann mit Öl

beträngt und kochen für etwa 1 Minute, bis duftende und

Gewürze blühen.

6.Stir in Knoblauch und kochen für etwa 30 Sekunden.

7.Pour in Pinot Noir Scraping up für 1 Minute für alle Bits an

Ihrem Pfannenboden kleben.

8.Fügen Sie gelben Senf, Ketchup, Balsamico-Essig,

Apfelessig, dunkle Sojasauce, flüssigen Rauch und

Worcestershire-Sauce. Rühren zu kombinieren.

9.Kirschen hinzufügen und ca. 10 Minuten köcheln lassen.

10.Honig, braunen Zucker und Melasse hinzufügen und

rühren, bis kombiniert. Etwa 30-45 Minuten bei geringer Hitze

köcheln lassen, bis Sie es mögen. Alles in einen Mixer geben

und bis zu einer glatten Sauce verarbeiten. Genießen Sie mit

Lieblingsgemüse oder Protein. Sie können in Gläsern für bis

zu einem Monat gekühlt werden.

Ernährung: Kalorien: 35 Fett: 0g Kohlenhydrate: 9g Protein: 0g

Ballaststoffe: 0g

Käse und Brot

Gegrillte hausgemachte Croutons

Zubereitungszeit: 10 Minuten

Kochzeit: 30 Minuten

Portionen: 6

Zutaten:

- 2 EL mediterrane Mischung würzen

- 1/4 Tasse Olivenöl

- 6 Tassen Würfelbrot

Wegbeschreibungen:

1.Heizen Sie Ihren Traeger-Grill auf 250°F vor.

2.Kombinieren Sie Würze und Öl in einer Schüssel dann die

Mischung über die Brotwürfel tränzeln. Werfen Sie

gleichmäßig zu beschichten.

3.Layer die Brotwürfel auf einem Cookie-Blatt, groß, und

legen Sie sie auf dem Grill.

4.Backen Sie für ca. 30 Minuten. Im Abstand von 5 Minuten

gleichmäßig umrühren.

5.Einmal ausgetrocknet und goldbraun, vom Grill entfernen.

6.Serve und genießen!

Ernährung:

•Kalorien: 188 Fett: 10g

•Gesättigte Fettsäuren: 2gKohlenhydrate: 20g

•Netto Kohlenhydrate: 19g Protein: 4g

•Zucker: 2g Ballaststoffe: 1g

•Natrium: 1716mg Kalium: 875mg

Nuss, Obst und Dessert

Schokolade Chip Cookies

Zubereitungszeit: 30 Minuten

Kochzeit: 30 Minuten

Portionen: 1

Zutaten:

- 1 1/2 Tasse gehackte Walnüsse

- 1 TL Vanille

- 2 Tassen Schokoladenchips

- 1 TL Backpulver

- 2 1/2 Tassen Normalmehl

- 1/2 TL Salz

- 1 1/2 Stick erweichte Butter

- 2 Eier

- 1 Tasse brauner Zucker

- 1/2 Tasse Zucker

Wegbeschreibungen:

1.Fügen Sie Traegers zu Ihrem Raucher hinzu und folgen Sie

dem Startverfahren Ihres Kochers. Heizen Sie Ihren Raucher

vor, wenn der Deckel geschlossen ist, bis er 350°F erreicht.

2.Mischen Sie die Backpulver, Salz und Mehl zusammen.

3.Creme den braunen Zucker, Zucker und Butter. Vanille und

Eier vermischen, bis sie zusammenkommt.

4.Langsam in das Mehl hinzufügen, während weiterhin zu

schlagen. Sobald alles Mehl eingearbeitet ist, fügen Sie die

Schokoladenchips und Walnüsse hinzu. Mit einem Löffel,

falten Sie in Teig.

5.Legen Sie eine Aluminiumfolie auf den Grill. In einer

Aluminiumfolie Löffel Teig fallen lassen und 17 Minuten

backen.

Ernährung:

- Kalorien: 66,5

- Protein: 1.8g

- Faser: 0g

- Kohlenhydrate: 5.9g

- Fett: 4.6g

Apple Cobbler

Zubereitungszeit: 30 Minuten

Kochzeit: 1 Stunde und 50 Minuten

Portionen: 8

Zutaten:

•8 Granny Smith Äpfel

•1 Tasse Zucker

•1 Stick geschmolzene Butter

•1 TL Zimt

•Pinch Salz

•1/2 Tasse brauner Zucker

•2 Eier

•2 TL Backpulver

•2 Tassen Normalmehl

•1 1/2 Tasse Zucker

Wegbeschreibungen:

1.Schälen und Vierteläpfel, in eine Schüssel geben. Den Zimt

und einen c. Zucker dazugeben. Gut umrühren und eine

Stunde sitzen lassen.

2.Add Traegers zu Ihrem Raucher und folgen Sie dem

Startverfahren Ihres Kochers. Heizen Sie Ihren Raucher vor,

mit geschlossenem Deckel, bis er 350 erreicht.

3.In einer großen Schüssel das Salz, Backpulver, Eier, braunen

Zucker, Zucker und Mehl hinzufügen. Mischen, bis es

bröckelt.

4.Äpfel in einen holländischen Ofen geben. Fügen Sie die

Crumble-Mischung auf und Nieselregen mit geschmolzener

Butter.

5.Platz auf dem Grill und kochen für 50 Minuten.

Ernährung:

- Kalorien: 216,7

- Protein: 2.7g

- Faser: 0g

- Kohlenhydrate: 41g

Fett: 4.7g

Lamm Rezepte

Rosmarin-geräucherte Lammkoteletts

Zubereitungszeit: 15 Minuten

Kochzeit: 2 Stunden und 5 Minuten

Portionen: 4

Zutaten:

• Traeger-Geschmack: Mesquite

• 41,5 Pfund Knochen-in Lammkoteletts

• 2 EL Olivenöl

• Salz

• Frisch gemahlener schwarzer Pfeffer

• 1 Bund frischer Rosmarin

Wegbeschreibungen:

1. Beliefern Sie Ihren Raucher mit Traeger und folgen Sie dem spezifischen Anlaufverfahren des Herstellers. Den Grill auf 180°F vorheizen.

2. Reiben Sie das Lamm großzügig mit Olivenöl und würzen Sie auf beiden Seiten mit Salz und Pfeffer.

3.Spread den Rosmarin direkt auf dem Grill rost, eine

Oberfläche groß genug für alle Koteletts zu ruhen. Legen Sie

die Koteletts auf den Rosmarin und rauchen, bis sie eine

Innentemperatur von 135°F erreichen.

4.Erhöhen Sie die Temperatur des Grills auf 450°F, entfernen

Sie den Rosmarin, und kochen Sie die Koteletts weiter, bis ihre

Innentemperatur 145°F erreicht.

5.Nehmen Sie die Koteletts vom Grill und lassen Sie sie für 5

Minuten vor dem Servieren ruhen.

Ernährung:

•Kalorien: 50

•Kohlenhydrate: 4g

•Faser: 2g

•Fett: 2.5g

•Protein: 2g

Griechisch-Stil gebratenes Lammbein

Zubereitungszeit: 25 Minuten

Kochzeit: 1 Stunde und 30 Minuten

Portionen: 12

Zutaten:

•7 Pfund Bein Lamm, Knochen-in, Fett getrimmt

•2 Zitronen, entsaftet

•8 Knoblauchzehen, geschält, gehackt

•Salz nach Bedarf

•Gemahlener schwarzer Pfeffer nach Bedarf

•1 TL getrockneter Oregano

•1 TL getrockneter Rosmarin

•6 EL Olivenöl

Wegbeschreibungen:

1.Machen Sie einen kleinen Schnitt in das Fleisch des Lamms

mit einem Schneidmesser, dann rühren Sie Knoblauch,

Oregano und Rosmarin und stopfen Sie diese Paste in die

Schlitze des Lammfleisches.

2.Nehmen Sie eine Bratpfanne, legen Sie Lamm in sie, dann reiben Sie mit Zitronensaft und Olivenöl, decken Sie mit einer Plastikfolie und lassen Sie für mindestens 8 Stunden im Kühlschrank marinieren.

3.Wenn bereit zu kochen, schalten Sie den Traeger Grill, füllen Sie den Grilltrichter mit Eiche aromatisierten Traegers, schalten Sie den Grill mit dem Bedienfeld, wählen Sie "Rauch" auf dem Temperaturzifferblatt, oder stellen Sie die Temperatur auf 400°F und lassen Sie es für mindestens 15 Minuten vorheizen.

4.In der Zwischenzeit, entfernen Sie das Lamm aus dem Kühlschrank, bringen Sie es auf Raumtemperatur, decken Sie es auf und dann gut mit Salz und schwarzem Pfeffer würzen.

5.Wenn der Grill vorgeheizt ist, öffnen Sie den Deckel, legen Sie Essen auf den Grillrost, schließen Sie den Grill und rauchen Sie für 30 Minuten.

6.Ändern Sie die Rauchtemperatur auf 350°F und dann weiter rauchen für 1 Stunde, bis die Innentemperatur 140°F erreicht.

7.Wenn fertig, Lamm auf ein Schneidebrett geben, lassen Sie es für 15 Minuten ruhen, dann schneiden Sie es in Scheiben und servieren.

Ernährung:

• Kalorien: 168

• Fett: 10 g

• Kohlenhydrate: 2 g

• Protein: 17 g

• Faser: 0,7 g

Lammkoteletts

Zubereitungszeit: 10 Minuten

Kochzeit: 10 Minuten

Portionen: 8

Zutaten:

Für das Lamm:

• 16 Lammkoteletts, Fett getrimmt

• 2 EL griechische Freak Würze

Für die Minzsauce:

• 1 EL gehackte Petersilie

• 12 Knoblauchzehen, geschält

• 1 EL gehackte Minze

• 1/4 TL getrockneter Oregano

• 1 TL Salz

• 1/4 TL gemahlener schwarzer Pfeffer

• 3/4 Tasse Zitronensaft

• 1 Tasse Olivenöl

Wegbeschreibungen:

1.Prepare die Minzsauce und dafür, legen Sie alle seine

Zutaten in einer Küchenmaschine und dann Puls für 1

Minute, bis glatt.

2.Pour 1/3 Tasse der Minzsauce in eine Plastiktüte,

Lammkoteletts darin hinzufügen, den Beutel versiegeln, es

oben drehen, um Lammkoteletts mit der Sauce zu beschichten

und sie dann mindestens 30 Minuten im Kühlschrank

marinieren zu lassen.

3.Wenn bereit zu kochen, schalten Sie den Traeger Grill, füllen

Sie den Grilltrichter mit Apfel-Geschmack Traegers, schalten

Sie den Grill mit dem Bedienfeld, wählen Sie "Rauch" auf dem

Temperaturzifferblatt, oder stellen Sie die Temperatur auf

450°F und lassen Sie es für mindestens 15 Minuten vorheizen.

4.In der Zwischenzeit, entfernen Lammkoteletts aus der

Marinade und dann mit griechischen Würze würzen.

5.Wenn der Grill vorgeheizt ist, öffnen Sie den Deckel, legen

Lammkoteletts auf den Grillrost, schließen Sie den Grill, und rauchen Sie für 4 bis 5 Minuten pro Seite, bis auf das

gewünschte Niveau gekocht.

6.Wenn fertig, übertragen Sie die Lammkoteletts auf ein

Gericht und dann serviert.

Ernährung:

• Kalorien: 362

• Fett: 26 g

• Kohlenhydrate: 0 g

• Protein: 31 g

• Faser: 0 g

Vorspeisen und Seiten

Wassermelone-Gurkensalat

Zubereitungszeit: 12 Minuten

Kochzeit: 0 Minuten

Portionen: 4

Zutaten:

•1 EL Olivenöl

•2 TL frischer Zitronensaft

•1/4 TL Salz

•2 Tassen gewürfelte kernlose Wassermelone

•1 Tasse dünn geschnittene englische Gurke

•1/4 Tasse dünn vertikal geschnittene rote Zwiebel

•1 EL dünn geschnittenes frisches Basilikum

Wegbeschreibungen:

1.Konsolidieren Sie Öl, Squeeze und Salz in einer riesigen

Schüssel, Mischen groß.

2.Include Wassermelone, Gurke und Zwiebel; gut zu

beschichten. Platte von gemischten Grüns gleichmäßig mit

Basilikum bestreuen.

Ernährung:

- Kalorien: 60

- Fett: 3.5g

- Protein: 0.8g

- Carb 7.6g

Frisch errahmter Mais

Zubereitungszeit: 5 Minuten

Kochzeit: 30 Minuten

Portionen: 4

Zutaten:

• 2 TL ungesalzene Butter

• 2 Tassen frische Maiskerne

• 2 EL gehackte Schalotten

• 3/4 Tasse 1% fettarme Milch

• 2 TL Allzweckmehl

• 1/4 TL Salz

Wegbeschreibungen:

1.Melt Butter in einer riesigen AntihaftPfanne über mittel-
übermäßige Wärme.

2.Mais und gehackte Schalotten in die Pfanne geben;
Vorbereitung Abendessen für 1 Minute, unter ständigem
Rühren.

3.Milch, Mehl und Salz in die Pfanne geben; zum Kochen

bringen.

4.Reduzieren Sie die Wärme auf niedrig; Abdeckung und

Kochen Abendessen für 4 Minuten.

Ernährung:

•Kalorien: 107

•Fett: 3.4g

•Protein: 4g

•Carb: 18g

Spinatsalat mit Avocado und Orange

Zubereitungszeit: 5 Minuten

Kochzeit: 20 Minuten

Portionen: 4

Zutaten:

• 1 1/2 EL frischer Limettensaft

• 4 TL natives Olivenöl extra

• 1 EL gehackter frischer Koriander

• 1/8 TL koscheres Salz

• 1/2 Tasse gewürfelte geschälte reife Avocado

• 1/2 Tasse frische orange Segmente

• 1 (5-Unzen) Paket BabySpinat

• 1/8 TL frisch gemahlener schwarzer Pfeffer

Wegbeschreibungen:

1.Kombinieren Sie die ersten 4 Substanzen in einer Schüssel, unter Rühren mit einem Schneebesen.

2.Kombinieren Sie Avocado, Orange Segmente und Spinat in einer Schüssel. Ölkombination hinzufügen; Werfen. Salat mit schwarzem Pfeffer bestreuen.

Ernährung:

- Kalorien: 103

- Fett: 7.3g

- Natrium: 118mg

Traditionelle Rezepte

Glasierte Hühnerflügel

Zubereitungszeit: 15 Minuten

Kochzeit: 2 Stunden

Portionen: 6

Zutaten:

- 2 Pfund Hühnerflügel

- 2 Knoblauchzehen, zerkleinert

- 3 EL Hoisinsauce

- 2 EL Sojasauce

- 1 TL dunkles Sesamöl

- 1 EL Honig

- 1/2 TL Ingwerpulver

- 1 EL Sesamsamen, leicht geröstet

Wegbeschreibungen:

1.Vorheizen Sie den Traeger Grill & Smoker auf

Grilleinstellung auf 225°F.

2.Ordnen Sie die Flügel auf das untere Rack des Grills und

kochen für ca. 1 1/2 Stunden.

3.Mittlerweile in einer großen Schüssel, mischen Sie alle

Zutaten.

4.Entfernen Sie Flügel vom Grill und legen Sie in der Schüssel

von Knoblauch-Mischung.

5.Mantel Flügel mit Knoblauch-Mischung großzügig.

6.Jetzt stellen Sie den Grill auf 375°F.

7.Die beschichteten Flügel auf ein foliengefüttertes Backblech

aufrichten und mit Sesam samen bestreuen.

8.Legen Sie die Pfanne auf das untere Rack des Traeger-Grills

und kochen Sie für ca. 25-30 Minuten.

9.Sofort servieren.

Ernährung:

Kalorien: 336

Fett: 13 g

Gesättigte Fettsäuren: 3.3 g

Cholesterin: 135 mg

Natrium: 560 mg

Kohlenhydrate: 7.6 g

Faser: 0,5 g

Zucker: 5,2 g

Protein: 44,7 g

Chicken Casserole

Zubereitungszeit: 15 Minuten

Kochzeit: 55 Minuten

Portionen: 8

Zutaten:

•2 (15-Unzen) Dosen Sahne aus Hühnersuppe

•2 Tassen Milch

•2 EL ungesalzene Butter

•1/4 Tasse Allzweckmehl

•1 Pfund hautlose, knochenlose Hähnchenschenkler, gehackt

•1/2 Tasse Luke Chilis, gehackt

•2 mittelgroße Zwiebeln, gehackt

•1 EL frischer Thymian, gehackt

•Salz und gemahlener schwarzer Pfeffer, nach Bedarf

•1 Tasse gekochter Speck, gehackt

•1 Tasse Tater tots

Wegbeschreibungen:

1.Vorheizen Sie den Traeger Grill & Smoker auf

Grilleinstellung auf 400°F.

2.In eine große Schüssel, hühnersuppe und Milch vermischen.

3.In eine Pfanne, schmelzen Butter bei mittlerer Hitze.

4.Langsam Mehl hinzufügen und ca. 1-2 Minuten kochen oder

bis glatt, unter ständigem Rühren.

5.Langsam, Fügen Sie Suppenmischung, schlagen

kontinuierlich bis glatt.

6.Cook, bis die Mischung beginnt zu verdicken, unter

ständigem Rühren.

7.Stir in den restlichen Zutaten mit Ausnahme von Speck und

köcheln für etwa 10-15 Minuten.

8.In Speck einrühren und In eine 21/2-Quart-Auflaufform

geben.

9.Platzieren Sie Tater tots auf dem Auflauf gleichmäßig.

10.Ordnen Sie die Pfanne auf den Grill und kochen für ca. 30-

35 Minuten.

11.Serve heiß.

Ernährung:

Kalorien: 440 Fett: 25,8 g

Gesättigte Fettsäuren: 9,3 g Cholesterin: 86 mg

Natrium: 1565 mg

Kohlenhydrate: 22,2 g

Faser: 1.5 g

Zucker: 4,6 g

Protein: 28,9 g

Lightning Source UK Ltd.
Milton Keynes UK
UKHW021320290721
387966UK00001B/44